BEI GRIN MACHT SICH IHR WISSEN BEZAHLT

Bibliografische Information der Deutschen Nationalbibliothek:

Die Deutsche Bibliothek verzeichnet diese Publikation in der Deutschen National-bibliografie; detaillierte bibliografische Daten sind im Internet über http://dnb.d-nb.de/ abrufbar.

Dieses Werk sowie alle darin enthaltenen einzelnen Beiträge und Abbildungen sind urheberrechtlich geschützt. Jede Verwertung, die nicht ausdrücklich vom Urheberrechtsschutz zugelassen ist, bedarf der vorherigen Zustimmung des Verlages. Das gilt insbesondere für Vervielfältigungen, Bearbeitungen, Übersetzungen, Mikroverfilmungen, Auswertungen durch Datenbanken und für die Einspeicherung und Verarbeitung in elektronische Systeme. Alle Rechte, auch die des auszugsweisen Nachdrucks, der fotomechanischen Wiedergabe (einschließlich Mikrokopie) sowie der Auswertung durch Datenbanken oder ähnliche Einrichtungen, vorbehalten.

Impressum:

Copyright © 2017 GRIN Verlag
Druck und Bindung: Books on Demand GmbH, Norderstedt Germany
ISBN: 9783346050427

Anonym

Die Wichtigkeit der Reinheitsgebote von Bier und Wein

GRIN Verlag

GRIN - Your knowledge has value

Der GRIN Verlag publiziert seit 1998 wissenschaftliche Arbeiten von Studenten, Hochschullehrern und anderen Akademikern als eBook und gedrucktes Buch. Die Verlagswebsite www.grin.com ist die ideale Plattform zur Veröffentlichung von Hausarbeiten, Abschlussarbeiten, wissenschaftlichen Aufsätzen, Dissertationen und Fachbüchern.

Besuchen Sie uns im Internet:

http://www.grin.com/

http://www.facebook.com/grincom

http://www.twitter.com/grin_com

Die Wichtigkeit der Reinheitsgebote von Bier und Wein

Inhaltsverzeichnis

I. Einleitung

Bier und Wein gehören in Deutschland zu den wichtigsten Kulturgütern, insbesondere der Süden des Landes ist bekannt für seine vielen Brauereien und Weinbaugebiete. Deutschland und vor allem der Freistaat Bayern sind aber nicht nur für den Genuss von Bier und Wein bekannt, sondern prägten auch entscheidend dessen Geschichte.

So entstanden im 15. und 16. Jahrhundert in Bayern Reinheitsgebote für Wein, sowie Bier, die auch heute noch eine besondere Bedeutung haben.

Im Rahmen dieser Arbeit werden nun die Entstehungsgeschichte und die Rolle dieser beiden Reinheitsgebote näher beschrieben. Dazu gehören unter anderem die Vorläufer der tatsächlichen Reinheitsgebote, die Umsetzung und Sicherstellung dieser Verordnungen, das Konsumverhalten und der Wandel vom starken Weinkonsum hin zum vermehrten Bierkonsum, Preise für Bier und Wein, sowie Strafen für den Verstoß gegen die Reinheitsgebote werden betrachtet.

Heutzutage wird mit dem Begriff Reinheitsgebot üblicherweise das Bayerische Reinheitsgebot zum Brauen von Bier aus dem Jahre 1516 assoziiert. Das Reinheitsgebot für Wein ist nicht annähernd so bekannt, obwohl dies fast ganze drei Jahrzehnte älter ist.

Es erfolgt ein Vergleich zwischen beiden Verordnungen und ihre Wichtigkeit, sowie die Bedeutung der beiden Getränke in der fränkischen Geschichte werden herausgearbeitet.

Als literarische Quellen dient Fachliteratur der fränkischen bzw. bayerischen Landesgeschichte. Es gibt zahlreiche Publikationen zur Wein- und/oder Bierkultur. Zu nennen sind hierbei vor allem die „Geschichte des fränkischen Weinbaus – Von den Anfängen bis 1800", das umfangreich die Entstehung und Beweggründe des Kitzinger Reinheitsgebotes schildert, sowie „Ohne Bayern kein Bier, ohne Bier kein Bayern", das den Stellenwert des Bieres für die bayerische Lebenskultur hervorhebt und detailliert die Vorgeschichte zum weltberühmten, deutschen Reinheitsgebot beschreibt.

II. Hauptteil

1. Wein

„Man lässt den Wein nicht rein mehr bleiben:

Viel Fälschung tut man mit ihm treiben,

Salpeter, Schwefel, Totenbein,

Pottasche, Senf, Milch, Kraut unrein

Stößt man durchs Spundloch in das Fass.

Die schwangeren Frauen trinken das,

So dass vorzeitig sie gebären,

Elenden Anblick uns gewähren.

Es kommt viel Krankheit auch daraus,

Dass mancher fährt ins Totenhaus..."[1]

Dieses Gedicht stammt aus dem Jahre 1494 und beschreibt dabei sehr gut, die Frustration der Bürger über die Verunreinigung des Weines im 15. Jahrhundert. Die Weinpanscherei war damals ein schwerwiegendes Problem, das u.a. verheerende Krankheiten verbreitete. Der Wein wurde von Händlern gepanscht, um ihn haltbarer zu machen und somit höhere Profite zu erzielen.

Um diesem Problem ein Ende zu bereiten, setzte sich Nürnberg besonders im 15. Jahrhundert stark für ein Reinheitsgebot ein. Die Bedeutung des Weins in der fränkischen Großstadt zeigt alleine die Zahl 128, denn bereits im Jahre 1401 gab es 128 Weinschänken in Nürnberg.[2] Neben dem Weinpanschen von Händlern, wurde auch die Reinigung der Holzfässer zu einem Problem. Dabei wurden diese noch im 14. Jahrhundert mit Salzwasser oder Pech gereinigt, ideal waren diese Methoden allerdings nicht. Das Salzwasser veränderte den Geschmack des Weines, Pech wiederrum brachte sogar gesundheitsschädliche Nebenwirkungen mit sich, wie z.B. Atemnot oder Kopfschmerzen. Andere zwischenzeitige Verfahren der Reinigung nutzten etwa Asche, Branntwein mit Wachholdern oder Kohle und Weihrauch zur Ausräucherung der Fässer. Im 15. Jahrhundert wurde die Verbrennung von Schwefel eingesetzt. Zunächst wurde das Schwefeln genutzt, um die Keime aus den leeren

---

[1] Brant, 1964. S. 381

[2] Vgl. Weber, 2012. S. 125

Weinfässern zu entfernen. Im Laufe der Zeit wurde der Schwefel allerdings auch direkt dem Wein hinzugefügt, was diesen haltbarer machte und auch die Keime im Wein vernichtete. Eine übermäßige Dosierung des Schwefels war allerdings ebenfalls gesundheitsschädigend.[3] Viele Weinhersteller nutzten Schwefelsäure, um süßen Traubensaft im Wein erhalten zu können. Diese Methode wurde in Nürnberg als schlimmste Weinfälschung angesehen.[4] Um diesem Problem entgegen zu wirken, wurde im Jahre 1439 durch den Nürnberger Stadtrat eine erste Verordnung gegen die übermäßige Schwefelung erlassen. Diese Verordnung reichte allerdings noch nicht aus, um eine gewisse Weinqualität sicherzustellen.[5] Zwar wurde die Schwefelung durch die Verordnung erschwert, dennoch nutzten Weinproduzenten z.B. Speck und Senf, um die vollständige Gärung der Trauben zu verhindern. Immer wieder wurde nicht vollständig gegorener Wein für Todesfälle verantwortlich gemacht.[6]

Nürnberg rief am 23. August 1482 Abgesandte aus den Städten Bamberg, Würzburg und der Marktgrafschaft Brandenburg-Ansbach zusammen, um von insgesamt 81 Todesfällen durch schlechten Wein zu berichten. Um folglich in erster Linie Konsumenten, aber auch Produzenten guten Weins zu schützen, hatte der Nürnberger Rat die Absicht ein Reinheitsgebot zu erlassen. Etwa einen Monat später, am 30. September 1482, trafen sich erneut die fränkischen Landesherren in der Stadt Kitzingen, um ein solches Reinheitsgebot endgültig zu verabschieden.[7] In den Nürnberger Policeyordnungen wurde unteranderem genau festgelegt, dass auf ein Fudor (etwa 8,7 Liter) Wein nur ein Lot (etwa 17 Gramm) Schwefel verwendet werden durfte.[8]

Doch wie wurde die Einhaltung der Policeyordnungen sichergestellt? Insbesondere in städtischen Gebieten wurden strikte Kontrollen durchgeführt. So wurde etwa in Nürnberg jedes einzelne Fass von Fachleuten, sogenannten Weinkiesern, kontrolliert und klassifiziert. Beim Kauf von Wein waren Wirte abhängig von einem amtlichen Siegel, das den Namen des Weins, den Füllstand und Preis des gekauften Fasses festhielt. Ohne dieses Siegel, durfte das Fass nicht angestochen und der Wein nicht ausgeschenkt werden. Viele Wirte versuchten heimlich in ihren Weinkellern, den

---

[3] Vgl. Weber, 2012. S. 305
[4] Vgl. Weber, 2012. S. 307
[5] Vgl. Weber, 2012. S. 125
[6] Vgl. Weber, 2012. S. 307
[7] Vgl. Weber, 2012. S. 125
[8] Vgl. Weber, 2012. S. 305

Wein mit Wasser oder Wein von niederer Qualität zu strecken. Aus diesem Grunde, wurden immer wieder Stichprobe und zufällige Kontrollen in den Weinschänken durchgeführt.[9] Eine Methode um einen mit Wasser gestreckten Wein zu erkennen, war eine Birne oder eine tote Heuschrecke auf dem Wein zu platzieren. Schwammen diese oben, war der Wein nicht gestreckt, versanken das Obst oder das tote Insekt jedoch, so wurde ein Wirt der Weinpanscherei überführt.[10]

Im Falle eines Verstoßes gegen das Reinheitsgebot, kam es zu strafrechtlichen Verfolgungen, der Boden des Fasses wurde ausgeschlagen und der Wein auf der Straße verschüttet. Des Weiteren konnte es zu Geldstrafen oder Stadtverweisen kommen.[11]

Am 1. Oktober 1487, ziemlich genau fünf Jahre nach Einführung des fränkischen Reinheitsgebots, wurde dies auch auf Reichsebene in Franken, Elsass und Schwaben übernommen.[12]

Wie erwähnt, wurde das Reinheitsgebot zum Schutz von Produzenten, aber vor allem Konsumenten eingeführt und davon gab es im späten Mittelalter viele. Unabhängig von der zugehörigen Schicht wurde Wein von jedermann getrunken. Die Schicht und somit das Vermögen waren allerdings sehr wohl ausschlaggebend für die Menge des getrunkenen Weins. Wohlhabende Bürger tranken im 15. Jahrhundert etwa 1,3l Wein pro Tag. Dies war neben dem Genuss, allerdings auch ein Zeichen des Wohlstandes. Nürnberger Handwerksgesellen oder Tagelöhner hätten einen solch ausgiebigen Weinkonsum nicht bezahlen können. Gerade mal ein halber Liter Landwein pro Tag entsprach etwa 20% des gesamten Haushaltsbudgets eines Handwerkergesellens. Bei einem Tagelöhner sogar etwa 1/3 des gesamten Jahreseinkommens, im Falle einer ganzjährigen Beschäftigung.[13]

Entscheidend für die Preise des Weins waren damals wie heute die Qualität und vor allem auch die Herkunft der Trauben. Preise schwankten damals zwischen 9 ½ und 23 Pfund Pfennig für einen Eimer Wein. Neben der Herkunft und Qualität spielten hierbei natürlich auch Angebot und Nachfrage bzw. die Verfügbarkeit und Beliebtheit einzelner Weine eine wichtige Rolle bei der Preisbildung.[14] Die Beliebtheit des Weins

---

[9] Vgl. Weber, 2012. S. 311f.
[10] Vgl. Meyer, 2000. S. 27
[11] Vgl. Weber, 2012. S. 313
[12] Vgl. Weber, 2012. S. 126
[13] Vgl. Weber, 2012. S. 325f.
[14] Vgl. Weber, 2012. S. 328

war dabei stark abhängig von Geruch, Farbe, Geschmack oder auch Bekömmlichkeit. Großes Augenmerk bei der Arbeit der Weinproduzenten liegt deshalb auf einer hohen Qualität der Trauben bei ihrer Auslese, die allerdings stark von ihrem klimaabhängigen Reifeprozess beeinflusst wird.[15]

2. Bier

Der Weg zum Bayerischen Reinheitsgebot für das Brauen von Bier von 1516 war ein sehr langer und ereignisreicher. Bereits zu Beginn des 12. Jahrhundert, im Jahre 1156, gibt es erste Aufzeichnung im ältesten deutschen Stadtrecht in Augsburg, die die Qualität des Bierausschanks regeln sollte. Die von Kaiser Barbarossa erlassene Verordnung, schreibt fest, dass ein Wirt bestraft werden soll, wenn er schlechtes oder zu wenig Bier ausschenkt.

1303 gab es einen Beschluss des Nürnberger Stadtrates (siehe Abbildung 1), der ganz deutlich regelte, dass zum Brauen von Bier nur noch Gerste als Getreidesorte verwendet werden durfte. Einem Verstoß gegen diese Anordnung folgte die Verbannung aus der Stadt oder zumindest der einjährige Entzug der Schankerlaubnis. Dies war zu Beginn des 14. Jahrhunderts also die erste konkrete Regelung zu zulässigen Zutaten für das Brauen von Bier. Ein weiterer Vorläufer des Reinheitsgebots stammt aus der Stadt, die durch das

---

[15] Vgl. Weber, 2012. S. 297

Oktoberfest heute weltweit für ihre Braukunst bekannt ist, München. Hier wurden bereits im Jahre 1363 Wasser, Hopfen und Gerste als verpflichtende Zutaten des Biers festgeschrieben. Somit galt es als erste Vorlage für das erst 150 Jahre später entstandene, noch heute gültige Reinheitsgebot für das Brauen von Bier. Die Verordnung in München basierte auf dem Wunsch des Stadtrates zu jederzeit günstiges und dennoch qualitativ hochwertiges Bier zur Verfügung zu haben.

Es gab auch Erwähnungen eines Reinheitsgebots für Bier außerhalb Bayerns, so etwa im Nachbarland Thüringen, in der Stadt Weißensee. Im Jahre 1434 wurde in der Wirtshausverordnung „Statuta Thaberna" festgelegt, dass Bier nur aus Hopfen, Malz und Wasser gebraut werden durfte. Zudem sollte nicht öfter als drei Mal pro Jahr gebraut werden. In dieser Verordnung wurden darüber hinaus auch mögliche Strafen für einen Verstoß geregelt.[16]

Eine weitere Brauordnung kam aus Regensburg. 1447 wurde der Stadtarzt dazu aufgefordert regelmäßige Qualitätskontrollen durchzuführen. Hierbei wurden deutliche Qualitätsmängel aufgedeckt und der Stadtarzt

verfasste 1453 eine Brauordnung, die die Gesundheit der Bierkonsumenten sicherstellen sollte. [17]

Am 30. November 1487 erließ der Herzog Albrecht von Bayern ein erstes Gesetz über das Brauwesen in München, das nach Vorlage der bereits beschriebenen Verordnung von

---

16 Vgl. Albrecht & Prinz von Bayern, 2016. S. 42-46, sowie Zweckverband Fränkische Schweiz-Museum, 2007. S. 14f.

17 Vgl. Zweckverband Fränkische Schweiz-Museum, 2007. S. 15

1363, Gerste, Hopfen und Wasser als einzige Bestandteile des Münchner Biers gesetzlich vorschrieb. (Siehe Abbildung 2)

Diesem Vorbild folgte auch der Wittelsbacher Fürst Georg der Reiche, der für das Herzogtum Bayern-Landshut sechs Jahre später, 1493, ebenfalls Gerste, Hopfen und Wasser als einzige Zutaten im Bier festschrieb.[18]

Es gab also zahlreiche regionale Vorläufer für das Bayerische Reinheitsgebot. Doch wie kam es nun endgültig zu der bereits seit über 500 Jahren gültigen Vorschrift? Die Sicherstellung der Bierqualität stand dabei erstaunlicherweise nicht an erster Stelle. Als die beiden Herzöge Wilhelm IV. und Ludwig X. am 23. April 1516 beim Landstädtetag in Ingolstadt die Vorschrift erließen, ging es ihnen zunächst darum sicherzustellen, dass kein Weizen mehr für die Herstellung des Bieres verwendet wurde, um dieses für die Herstellung von Brot zu sichern. Zum Zeitpunkt des Erlasses der Vorschrift durch die beiden Herzöge wurde diese zunächst nur im Herzogtum Bayern eingeführt, später jedoch im Königreich Bayern gesetzlich vorgeschrieben. Mit Gründung des Deutschen Kaiserreichs 1871 setzte sich Bayern stark für das Reinheitsgebot ein, sodass dies auch 1896 in Baden, 1900 in Baden-Württemberg und letztlich 1906 im gesamten Kaiserreich eingeführt wurde. Bei der Gründung der Weimarer Republik im Jahre 1918 machte Bayern das Reinheitsgebot sogar zur Grundvoraussetzung für einen Beitritt.[19]

Das 1516 festgeschriebene Gesetz gilt heute weltweit als das älteste noch angewendete Lebensmittelgesetz. Doch warum zählte erst diese im Ingolstädter Landtag festgeschriebene Vorschrift und nicht das Gesetz von Albrecht 1487 in München als das heute noch gültige Reinheitsgebot? Fakt ist, dass in Ingolstadt inhaltlich nicht viel neues hinzu kam, da bereits in den Vorläufern die erwähnten Zutaten, konkrete Zeitfenster für das Brauen oder auch Bierpreiskontrollen festgeschrieben worden sind. Das Entscheidende bei der Vorschrift von Wilhelm und Ludwig war, dass sie nun viele lokale oder regionale Verordnungen gesetzlich festschrieben und somit ein Gesetz für das gesamte Herzogtum erließen.[20]

---

[18] Vgl. Albrecht & Prinz von Bayern, 2016. S. 43f.
[19] Vgl. Zweckverband Fränkische Schweiz-Museum, 2007. S. 14
[20] Vgl. Albrecht & Prinz von Bayern, 2016. S. 62

Abbildung 3 zeigt das erlassene Reinheitsgebot von 1516. Als erstes wurde der Höchstpreis für das Winter- und Sommerbier festgelegt: „… von Michaeli bis Georgi ein Maß oder ein Kopf Bier für nicht mehr als einen Pfennig Münchner Währung und von Georgi bis Michaeli die Maß für nicht mehr als zwei Pfennig derselben Währung,…".[21] Anschließend folgt die Festlegung der Zutaten: „Ganz besonders wollen, daß forthin allenthalben in unseren Städten, Märkten und auf dem Lande zu keinem Bier mehr Stücke als allein Gersten, Hopfen und Wasser verwendet und gebraucht werden sollen."[22] Als dritter und letzter wichtiger Punkt des Reinheitsgebotes wurde die Strafverfolgung geregelt: „Wer diese unsere Anordnung

wissentlich übertritt und nicht einhält, dem soll von seiner Gerichtsobrigkeit dieses Faß Bier, so oft es vorkommt, unnachsichtlich weggenommen werden."[23] Obwohl es eines der kürzesten Gesetze war, die an jenem Tag im Ingolstädter Landtag beschlossen wurden, ist es doch erstaunlich, dass dies bereits seit über 500 Jahren Gültigkeit besitzt.

Doch trotz des Gesetzes kam es immer wieder zu Verfälschungen der Rezeptur. Zeitweise war es deshalb auch erlaubt, ungefährliche Zutaten wie Anis,

---

[21] Albrecht & Prinz von Bayern, 2016. S. 59
[22] Albrecht & Prinz von Bayern, 2016. S. 59
[23] Albrecht & Prinz von Bayern, 2016. S. 59

Wachholderbeeren, Kümmel, Thymian und Lorbeer ins Bier zu mischen. 1551 waren zum Beispiel Koriander und Lorbeer ausdrücklich durch einen herzoglichen Erlass erlaubt worden. Strikt verboten waren wiederum Bilsen- und Zeilerkraut, Ochsengalle, Pech, Ruß, sowie Kreide. Im Jahre 1616 wurden in der Landesordnung Salz, Wachholder und Kümmel als Konservierungsstoffe für das Bier ausdrücklich zugelassen. Die Verfälschung der Bierrezeptur war vor allem der Festlegung von pauschalen, einheitlichen Bierpreisen geschuldet. Die Bierbrauer in unterschiedlichen Regionen waren unterschiedlichen Rohstoffpreisen ausgesetzt, was dazu führte, dass einige die Qualität des Bieres senken mussten, um Gewinne erwirtschaften zu können. So wurden etwa günstigere Ersatzstoffe für den Hopfen genutzt oder berauschende Kräuter zum Bier hinzugefügt. Von vornherein war auch grundsätzlich eine Abweichung vom in der Policeyordnung niedergeschriebenen Reinheitsgebot auf legalem Wege möglich. Herzog Maximilian I. etwa benötigte für die Herstellung seines Weißbiers auch Weizen – Gegen eine Entschädigungszahlung an das Land, war es ihm gestattet auch diesen Rohstoff zum Bierbrauen zu verwenden. [24]

Die oben genannte Festlegung von einheitlichen Preisen für Winter- und Sommerbier führte zu Schwierigkeiten für Bierbrauer. So sind Beschwerdebriefe der Brauer aus dem 16. Jahrhundert überliefert. Im Jahre 1518 schrieb die gesamte Bierbraukooperation aus Traunstein an die Herzöge Wilhelm IV. und Ludwig X., um ihren Unmut über die ungerechten Einheitspreise zu äußern. Sie baten um eine Erhöhung ihres Verkaufspreises von zwei auf drei Pfennig. So seien zum einen die Maße zwischen Traunstein und Salzburg unterschiedlich, was die Menge des ausgeschenkten Bieres betraf und zum anderen auch die Rohstoffpreise sehr unterschiedlich. In ihrer Region sei auf den Märkten wenig bis gar keine Gerste verfügbar, deshalb entstehen ihnen zusätzliche Kosten für den Transport der Rohstoffe. Aus zahlreichen Beschwerden wie dieser, resultierte, dass 1520 in der Landesordnung eine flexiblere Bierpreisregelung festgelegt wurde. [25]

Durch die flexiblere Regelung wurden die Bierpreise mindestens jährlich angepasst, eine wichtige Rolle spielten dafür natürlich insbesondere die Rohstoffpreise für Gerste und Hopfen. Die Bierpreise wurden allerdings nach wie vor von der Obrigkeit und nicht von den Brauern selbst festgelegt. Üblich war dabei, dass das Sommerbier

---

[24] Vgl. Speckle, 2001. S. 178-180
[25] Vgl. Hackel-Stehr, 1987. S. 263f.

immer etwas teurer war als das Winterbier. Das lag daran, dass die temperaturgerechte Konservierung des Bieres über die heißen Sommermonate aufwändiger war. Ab dem 16. Jahrhundert gibt es verlässliche Quellen für die gehandelten Bierpreise in München. Im Jahre 1517 kostete eine Maß Winterbier drei Pfennige, das Sommerbier wiederum vier Pfennige. In den kommenden Jahrzenten stieg der Bierpreis langsam an. Zu Beginn des 17. Jahrhundert war ein deutlicher Bierpreisanstieg zu verzeichnen, der sich mit dem Dreißigjährigen Krieg begründen lässt. So kostete im Jahre 1623 das Winterbier zehn Pfennige und das Sommerbier zwölf Pfennige. Zwischen 1654 und 1671 sank der Bierpreis wieder etwas, auf sieben bzw. acht Pfennige. In großen Teilen des 18.Jahunderts betrug der Bierpreis zwischen zehn und zwölf Pfennigen. Ab 1719 wurde des Weiteren wieder eine einheitliche Bierpreisreglung für Bayern eingeführt.[26]

3. Die Ablösung von Wein durch Bier

„Es scheint indessen, dass bis zum 17. Jahrhundert keineswegs das Bier, sondern Wein und Meth die beliebtesten Getränke aller Bayern gewesen seyn." So steht es in der Münchner Bierchronik des 19. Jahrhunderts geschrieben. Schätzungen zufolge waren die Weinbaugebiete im mittelalterlichen Deutschland etwa drei Mal so groß wie heute. Zurückzuführen ist dies vor allem auf ein milderes Klima, im Süden Deutschlands gab es kaum ein Flusstal, das nicht mit Weinstöcken bebaut wurde. In ertragreichen Jahren haben die Winzer in München bis zu 3200 Liter Wein aus ihren Trauben gewinnen können. Durch die ungeheure Menge an Wein, kam es zeitweise dazu, dass die Holzfässer, indem der Wein lagerte mehr Wert waren, als der Wein selbst. Vor allem der Baierwein aus dem Regensburger Land wurde trotz seines hohen Säuregehalts und dem damit verbundenen säuerlichen Geschmack in großen Mengen verzehrt, da er besonders günstig war. Es gibt zahlreiche Überbringungen wie Gedichte und Texte, die den Wein aufgrund seines Geschmacks verschmähen und mit Essig vergleichen. Ein weiterer Grund für den hohen Weinkonsum war, dass das Wasser im Mittelalter oftmals sehr verdreckt war und somit gesundheitsschädlich sein konnte. Mit diesem dreckigen Wasser, und vor dem Reinheitsgebot auch weiteren ausgefallenen Zutaten, wurde eben auch Bier gebraut, das die Menschen krank machte und teilweise umbrachte. Der Wein wiederum mag nicht so gut

---

[26] Vgl. Jehle, 1948. S. 109-111

geschmeckt haben, brachte aber zumindest keine gesundheitlichen Risiken mit sich. In einigen Jahren, in denen es etwa durch Kriege oder Unwetter einen Mangel an Getreide gab, gab es zudem keine Alternativen. Aus diesem Grunde wurde der Nutzen des Bieres oftmals kritisch hinterfragt. Im Jahre 1317 wurde das Brauen von Bier von Kaiser Ludwig der Bayer sogar für ein ganzes Jahr verboten, da es eine große Getreideknappheit gab und die Ressourcen zum Backen von Brot verwendet werden mussten.

Doch mit Mitte des 15. Jahrhunderts begann das Alleinstellungsmerkmal des Weins zu schwinden. Zurückzuführen ist dies in erster Linie auf zwei Ereignisse. Das erste ist dabei eine erhebliche Krise im Weinbau. So waren mehrere Jahrzehnte von kalten und nassen Sommern geprägt, die die Ernteerträge deutlich reduzierten. Hinzu kam der Dreißigjährige Krieg, in dem viele Weinstöcke beschädigt wurden, die anschließend nicht nachgepflanzt wurden. Das zweite Ereignis war 1516, die Verabschiedung des oben beschriebenen Reinheitsgebotes für Bier. Dieses stellte nach vielen Jahren ungenießbarem Bier eine Qualität sicher, die einen unbedenklichen Bierkonsum ermöglichte. Spätestens im frühen 17. Jahrhundert hatte das Bier endgültig den Wein überholt.[27] Als beispielhafter Beweis für den Erfolg des Bieres in dieser Zeit sind die Konsumzahlen aus Nürnberg zu nennen. Obwohl das Frankenland eher für seinen Wein bekannt ist, trank jeder Nürnberger vom 15. bis zum 18. Jahrhundert durchschnittlich deutlich mehr als 200 Liter Bier pro Jahr.[28] Auch in München gab es erstmalig mehr Brauer als Weinstuben.[29] Belegt wird dies durch das folgende Gedicht:

„Auch kann ich sagen, daß es in der Stadt

Zweiundvierzig Weinhäuser hat,

Vierzehn thut der Methschenken sein,

die den süßen Trank sieden fein,

dazu zweiundsiebenzig Bierbräuer,

Die sieden gut Bier, wie fort auch heuer."[30]

[27] Vgl. Albrecht & Prinz von Bayern, 2016. S. 14-18
[28] Vgl. Koch & Täubrich, 1987. S. 8
[29] Vgl. Albrecht & Prinz von Bayern, 2016. S. 19
[30] Albrecht & Prinz von Bayern, 2016. S. 19

III. Schluss

„Ohne Bayern kein Bier, ohne Bier kein Bayern", der Titel dieses Buches von Günter Albrecht und Luitpold Prinz von Bayern spiegelt sehr gut die Bedeutung des Bieres für die Landesgeschichte wieder. Das mittlerweile 501 Jahre alte, weltweit bekannte Reinheitsgebot ist hierbei nur ein Teil der Geschichte. Bemerkenswert in dieser Geschichte ist vor allem der Siegeszug des Bieres gegenüber dem Wein. Der Anbau von Wein hat seine ganz eigene Geschichte, und auch sein eigenes Reinheitsgebot, welches allerdings nicht annährend so bekannt ist, verständlicherweise. Während das Ingolstädter Reinheitsgebot nämlich essentiell die Zutaten für ein Bier nach bayerischem Qualitätsstandard festlegt, regelt(e) das Reinheitsgebot aus Kitzingen lediglich den Prozess der Schwefelung, welcher heutzutage veraltet und nicht mehr gebräuchlich ist. Diesem entscheidenden Unterschied, folgt allerdings auch eine gewichtige Gemeinsamkeit der beiden Reinheitsgebote: Beide haben letztendlich das Ziel den Konsumenten, also Bier- bzw. Weintrinker, zu schützen. Die Reinheitsgebote stellen sicher, dass man sich auf eine gewisse Qualität verlassen kann bzw. konnte. Dies ist auch der Erfolgsrezept des ältesten noch angewendeten Lebensmittelgesetzes, denn sowohl im 16., als auch im 21. Jahrhundert möchte man sich auf die Qualität des gekauften Biers verlassen können.

Das Reinheitsgebot von Ingolstadt gilt bis heute als Beleg für die Qualität deutscher und vor allem bayerischer Braukunst. Deutsches Bier wird weltweit für seine Reinheit und seinen Geschmack geschätzt. Die unbestrittene Wichtigkeit dieses Reinheitsgebots wird deutlich, wenn man bedenkt, dass Bayern dies tatsächlich als Voraussetzung für einen Beitritt zur Weimarer Republik vor circa 100 Jahren einforderte.

Literaturverzeichnis

Albrecht, G., & Prinz von Bayern, L. (2016). *Ohne Bayern kein Bier ohne Bier kein Bayern - 500 Jahre Reinheitsgebot.* München: Volk Verlag.

Brant, S. (1964). *Das Narrenschiff.* (Junghans, & H.-J. Mähl, Hrsg.) Stuttgart: Reclam-Verlag.

Hackel-Stehr, K. (1987). *Das Brauwesen in Bayern vom 14. bis 16. Jahrhundert, insbesondere die Entstehung und Entwicklung des Reinhetsgebotes 1516.* Berlin.

Jehle, A. (1948). *Das Bier in Bayern - Kurzgefaßte geschichtliche Darstellung des Entwicklungsganges des bayerischen Brauwesens.* München: Münchener Dom-Verlag.

Kittel, J., & Breider, H. (1974). *Das Buch vom Frankenwein.* Würzburg: Stürtz Verlag.

Koch, C., & Täubrich, H.-C. (1987). *Bier in Nürnberg-Fürth - Brauereigeschichte in Franken.* München: Heinrich Hugendubel Verlag.

Meyer, O. (2000). *Weinkultur in Franken - Der Wein in Geschichte, Alltag und Religiosität.* Würzburg: Böhler Verlag.

Speckle, B. (2001). *Streit ums Bier in Bayern - Wertvorstellungen um Reinheit, Gemeinschaft und Tradition.* New York, München, Berlin: Waxmann Verlag.

Weber, A. (2012). *Geschichte des fränkischen Weinbaus - Von den Anfängen bis 1800.* München: Volk Verlag.

Zweckverband Fränkische Schweiz-Museum. (2007). *Bierkultur - Rund um´s Bier in Franken* (Bd. 9). (R. Hofmann, & B. Kerkhoff-Hader, Hrsg.) Tüchersfeld: Zweckverband Fränkische Schweiz-Museum.

Quellenverzeichnis

https://www.historisches-lexikon-
bayerns.de/Lexikon/Reinheitsgebot,_1516#.C3.84ltere_Reinheitsgebote_und_deren
_Ursachen (Stand: 12.10.2017)